ख्वाबों का गलियारा

AF106996

डॉ. मेघा अग्रवाल
drmeghaagrawal.in

BlueRose ONE.com
Stories Matter
New Delhi • London

BLUEROSE PUBLISHERS
India | U.K.

Copyright © Dr. Megha Agrawal 2024

All rights reserved by author. No part of this publication may be reproduced, stored in a retrieval system or transmitted in any form or by any means, electronic, mechanical, photocopying, recording or otherwise, without the prior permission of the author. Although every precaution has been taken to verify the accuracy of the information contained herein, the publisher assume no responsibility for any errors or omissions. No liability is assumed for damages that may result from the use of information contained within.

BlueRose Publishers takes no responsibility for any damages, losses, or liabilities that may arise from the use or misuse of the information, products, or services provided in this publication.

For permissions requests or inquiries regarding this publication, please contact:

BLUEROSE PUBLISHERS
www.BlueRoseONE.com
info@bluerosepublishers.com
+91 8882 898 898
+4407342408967

ISBN: 978-93-5989-917-6

Cover design: Tahira
Typesetting: Tanya Raj Upadhyay

First Edition: July 2024

अनुभवों से बटोरे शब्दों के कुसुम
सर्वप्रथम अर्पण आपके चरणों में
माँ शारदे ! तुझको नमन....... ॥

मेघा

श्रीरामलला

AIR
आकाशवाणी
रामपुर

आकाशवाणी
रामपुर

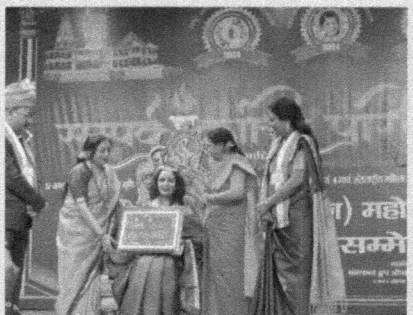

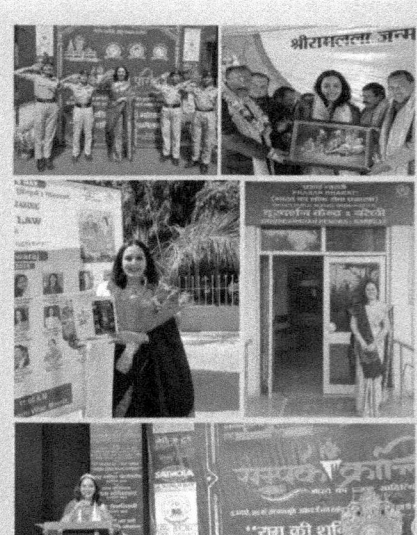

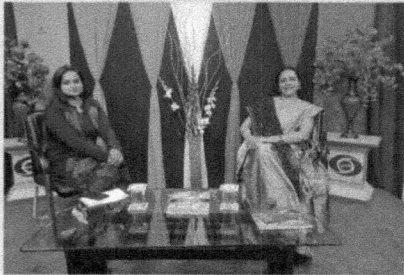

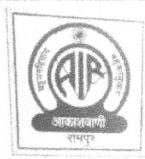

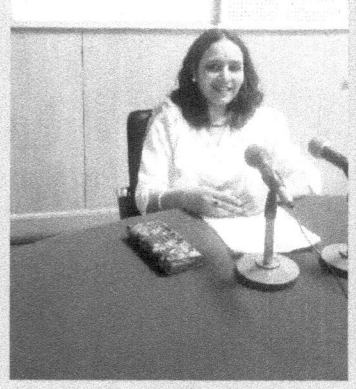

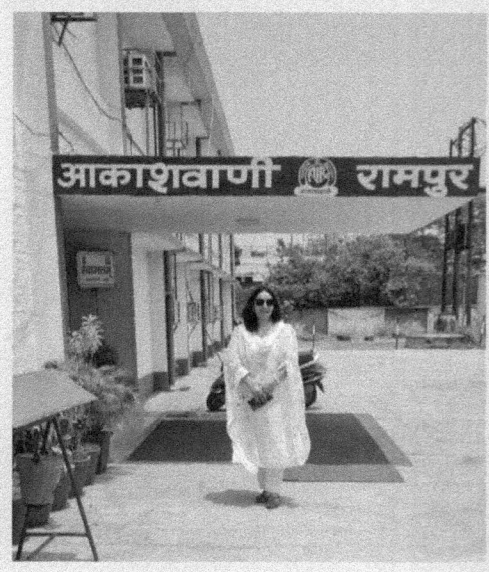

मेरे विचार

जीवन संगिनी के रूप में मेघा जी मेरे जीवन में आई, सौभाग्य मेरा!

हमेशा से ही रचनात्मक प्रवृत्ति की रही मेरी धर्मपत्नी । चाहे फिर वह घर का रख-रखाव रहा, परिवार का ध्यान, या बच्चों की परवरिश । मेघा की सबसे बड़ी खासियत यह रही कि वह जो भी कार्य करती हैं, पूरे मन से और निष्ठा के साथ ही करती हैं । ज्यों-ज्यों बच्चे बड़े हुए, मेघा अपने खाली समय में कल्पनाओं, भावनाओं, अनुभवों की ऊन से कविताओं/रचनाओं के स्वेटर बुनने लगी । यदा-कदा वे जब भी अपनी कोई भी कविता पूर्ण करकर मुझे सुनाती तो मैं अचम्भे में पड़ जाता कि कितनी सच्चाई, कितनी गहराई, कितनी कल्पना, कितनी ऊँची उड़ान होती उनके हर एक शब्द की............ ।

पुस्तक 'ख्वाबों का गलियारा' उनकी रचनाओं, कविताओं, भावनाओं, अहसासों अनुभवों से ऐसा वास्तविकता से परिचय कराता हुआ संग्रह है, जिसमें अपने बच्चे को आशीर्वाद देती एक माँ के दिल से व्यक्त पंक्ति क्या कुछ नहीं कह जाती हैं -

> "साकार हो, हर बार हो,
> अवलोकित हर सपना तेरा............"

माँ शारदे के प्रति उनकी लेखनी क्या खूब नतमस्तक हुई है कि -
"बरस जाऊँ पुष्प बनकर,

> चरणों में तेरे............."

कहीं पर भी कोई अतिश्योक्ति नहीं, कोई बनावट, दिखावट नहीं, पुस्तकों से इतना प्रेम करने लगी वो कि पुस्तिका को हाथ में लेने के बाद क्या खूब उनके विचार व्यक्त हुए कि -

> "पाकर तुम्हें दिल मेरा, मारे खुशी के
> लो हो गया सुर्ख लाल,
>
> आखिर इसने ही तो लिखा था हर शब्द
> इंक इसी के से हर बार............"

> "कब हम तुम्हारी बैचेनी
> और तुम हमारी राहत बन गए......"

जैसी पंक्तियों पर तो कुछ भी कहना बेमानी सा जान पड़ता है। प्रेम को भी क्या खूब परिभाषित कर देती है वे जब लिखती हैं।

> "नैन उसके थे हुक्के से,
> दो कश लगाना सीख गए।"

बच्चों की परवरिश में कैसे एक महिला अपना सम्पूर्ण जीवन हँसते-मुस्कुराते होम कर देती है, बयाँ करती उनकी कविता कि -

> "परवरिश तेरे बच्चों की तूने
> वाकई क्या खूब निभाई..............."

> "ऐ चाँद चल तू मेरे संग
> गगन से उतर कुछ कदम........"

उनकी इस रचना ने तो वाकई निशब्द कर दिया....... कहाँ से टटोल लाया उनको दिलों-दिमाग ऐसे तुलनात्मक शब्द जिनका कोई तोड़ नहीं.............

आखिर में मैं मेघा अग्रवाल जी को ढेरो शुभकामनाओं के साथ अपनी बात को विराम देता हूँ। उनका रचनाओं/कविताओं का यह संग्रह "ख्वाबों का गलियारा" पाठकों का प्रिय बनें, ऐसी मैं कामना करता हूँ। उनकी लेखनी गतिशील रहे, भविष्य में उनकी अगली कृति भी जल्द प्रकाशित हो।

हरि अग्रवाल
इंडस्ट्रियलिस्ट
बदाँयु

अपनी बात

बिल्कुल एक साधारण स्त्री, एक आम गृहणी, जिम्मेदारियों की वजनी पोटली सिर पर धरे डोलती उसी चार दीवारी में जिसे विवाह के पश्चात एक औरत को उसका दूसरा घर कहा जाता है। कुशलता व निपुणता की कमान सँभाले घर-गृहस्थी, बच्चो की परवरिश में बीस साल मानो पंख लगाकर उड़ गए, पता तक नहीं चला।

लिखने पढ़ने का तो बचपन से बेहद शौक रहा, बच्चों को भी जब स्कूल भेजा, शाम में समय निकालकर उन्हें खुद ही पढ़ाया करती थी, उन्हें ऐप्पल की स्पैलिंग याद करानी हुई चाहे छोटी इ / बड़ी ई की मात्रा का ज्ञान......

मैं खुद को भी दोबारा शिक्षित होते देख खुशी से फूल जाती, खैर..... !

हम स्त्रियाँ कितना बड़ा सुख मान लेती हैं, अपने घर परिवार को, अपनी जिम्मेदारियों को, अपने पद को.... और मेरा मानना तो यही है कि ईश्वर ने आपको जिस पद से नवाज़ा है, उसका सम्मान करिए, उस ईश्वर का आदर करिए कि उसने एक स्त्री को हजार जिम्मेदारियाँ संभालते हुए एक मुस्कुराती इमारत बनाने का संकल्प लिया।

बात यही कह रही थी मैं कि मेरा बड़ा बेटा जब बारहवीं की परीक्षा उत्त्तीर्ण करकर पंजाब थापर यूनिवर्सिटी ग्रेजुएशन करने गया, तब उसके वियोग में मैं बिखर गयी। उस दरमियान मुझे मेरे लेखन ने समेटा। चस्क लगी ऐसी कि फिर रूकी नहीं, जहाँ समय मिलता लिखती, पढ़ती, जीवन को और गहराई से समझती..... हाँ प्राथमिकता पहले मेरा कर्तव्य मेरा धर्म घर गृहस्थी ही रहा।

मेरी पहली पुस्तिका 'दिल की कलम से' कविता संग्रह फरवरी 2023 में प्रकाशित हुई, उस किताब में मेरी बद्रीनाथ जी, लड्डू गोपाल जी, माँ गंगा,

औरत, बेटी, भगीरथी, स्त्री, पुराने दिन, सब पर अपना अनुभव अपनी कलम से रचा।

गदगद थी उस दिन मे जब वह पुस्तिका मेरी बाहों में आई.... उसमें मैंने यही जिक्र भी छेड़ा -

मानो या ना मानो
जब से सँभाला हैं मैंने होश
चलके अंगारो पर कतरा-कतरा
जला है लहू का मेरे
हर रोज।

फिर-फिर पीछे रहा गया हुनर
मन, शौक
इच्छा, करियर मेरा
आगे बाजी मार-मार ले गया
बार-हर-बार.....
जिम्मेदारियों का बोझ।

अपनी पहली पुस्तिका से मुझे इतना प्यार हो गया जैसे पहले प्रेम से..... आदर दिया था मेरी कलम ने उसमें कि-
सतियो के सत की,
निर्जला व्रत की.......

मिठास पर क्या लिख गया था दिल मेरा
कि-
जलेबी सा दिल मेरा
लो डूब गया,
उसकी
अदाओं की चाशनी में.........

कहाँ बच्चों की परवरिश में एक

स्त्री अपना जीवन हंसते-मुस्कुराते होम
कर देती है –
एक को नहला तो
दूजे को निपटा रही......

देश की मिट्टी पर भी क्या कह गया
दिल मेरा कि-
यही वो मिट्टी है, मेरे देश की
जहाँ उपजता, पनपता
वीर सैनिक भाइयों का सीना.....

माँ पर मेरे विचार जो व्यक्त हुए
बेटी के घर बार-बार आने को
पाँव नहीं पड़ते
चल तू ही दौड़ी आना
जैसे ही हों बच्चों की छुट्टियाँ............

मेरे बच्चे मुझसे गर्मियों में एक दिन पूछ रहे थे कि मम्मा आप लोग पहले जमाने में शाम को क्या करते थे ?
जब मेरे दिल ने बुना-
अब तो कहानी-किस्से हो गये हैं
वो शाम होती गर्मियों की
छतों पर छिड़काव...........

खैर यहाँ तो मैं खो गई मेरी पहली पुस्तिका के नुक्कड़ व चौराहों में..... दिल जो लगा लिया था इस पुस्तिका से.... ।

अब मैं यहाँ आगे बढ़ती हूं अपनी चौथी इस पुस्तिका की ओर, जिसका नाम मेरे जीवनसाथी ने सुझाया 'ख्वाबो का गलियारा' ।

चूंकि मैं उनसे अपनी पंक्तियाँ साँझा करती थी, उनको सुनाती थी जो मैंने इस पुस्तिका में लिखी हैं,

तब उन्होंने ही यह नाम मुझे सुझाया, और मुझे यह नाम इतना पसन्द आया जैसे मैरी इसमें छपी हर कविता का शीर्षक यही हो............. ।

मेरी माताजी की चार बेटियां हैं, बेटा नहीं । एक दिन मेरी उनसे फोन पर वार्ता चल रही थी, वे गर्वित सी जिक्र करती हैं कि अब तो समर्थ (मेरा बेटा) बड़े हो गए हैं, कल को बहू भी आ जाएगी । माताजी का फोन रखने के पश्चात् मैं तो इन्हीं ख्यालातो में जैसे डूब सी गई कि मानों समर्थ सामने से बहू को लेकर ही आ रहे हैं........ ।

मेरी एक रचना तभी मेरे दिलो-दिमाग ने रची कि मैंने मेरी माताजी को आगे कर दिया-
ले माँ ! आज चार कदम आगे बढ़ा
कर आरती, ले बलइयाँ, नज़र उतार
तेरे द्वारे बहू आई है
मेरे तो बेटी नहीं थी कोई
सो मैंने तो बेटी पाई है.....

बस यही कोशिश मेरी ताउम्र रहेगी कि मैं सिर्फ गम्भीर, अनुभव से परिपूर्ण, अर्थपूर्ण, भावपूर्ण, खूबसूरत शब्दो की माला में साहित्य के मोती पिराऊँ.... एक-एक शब्द मेरे दिल व दिमाग से बुना हुआ हो ।

वो जो तुम्हारे साथ, सात फेरो के
बंधन में बंधकर आई है
ध्यान रहे, वह अपने साथ
इक मन भी लाई है......
जैसी पंक्तियाँ मैने क्या सोचकर रची, मुझे सच नहीं पता.......

बच्चे भी यदा-कदा मुझे छेड़ देते हैं कि मम्मा आप लिखती-पढ़ती हुई पढ़ने वाली छात्रा लगती हो । मैं मन ही मन माँ शारदे का धन्यवाद कर देती हूँ कि हमें मनुष्य का जीवन देकर मस्तिष्क देकर विद्या का आर्शीवाद दिया.......

खैर ऐसे ही लिखती रही तो बातें खत्म नहीं होगीं। मेरी पुस्तिका पाठकों की प्रिया बनें, मेरे दिल से व्यक्त हुए भाव उन तक पहुँचे, ऐसी मैं कामना करती हूँ। हाँ जब इतना लिख देने के बाद मैं एक दिन थोड़े इत्मिनान में खुद से ही मुस्कुराकर पूछ रही थी कि मैने लिखा कैसे, तब बस यहीं भाव, यही शब्द मेरे जेहन में आए-

दिल से ही लिख गई मैं तो
तमाम भाव दिल मेरे के
दिल ने ही दिया संगीत रचनाओं को मेरी
गति उसकी से......
धड़कन सी धड़कती औरत, माँ, बिटिया
और भगीरथी बुक मेरी में.........

अंत में मैं सदा आभारी रहूँगी मेरे पति श्री हरि अग्रवाल जी का, जिनके आशीर्वाद से वचन मेरी पुस्तिका में स्थान प्राप्त कर सकें। उन सभी मित्रों व सहयोगियों का भी मैं आभार व्यक्त करती हूँ, जिनका प्रत्यक्ष-अप्रत्यक्ष सहयोग मुझे पुस्तक को पूर्ण करने में मिला।

हम तो कठपुतली हैं उस परमपिता परमेश्वर की साहब, बस, जीवनरूपी इस रंगमंच पर अपना किरदार निभाना है,
और एक दिन बस लौट जाना है।

डॉ. मेघा अग्रवाल

अनुक्रमणिका

1. मेरी बुक के लिए... 1
2. दक्ष के जन्मदिवस पर 3
3. छोटे फूल 4
4. यकीनन 5
5. श्री 6
6. दिल से ही 7
7. एक कविता मेरी माताजी के नाम 8
8. बसंती पंचमी 2023 10
9. सच 11
10. हिस्सेदारी 12
11. क्यों 13
12. हौले से 14
13. लाज़िमी 15
14. बस तेरा हाथ 16
15. 25 साल पहले 17
16. माँ के नाम 18
17. हर किस्त का 19
18. मेरे आँगन की चिड़िया 20
19. हकीकत 21
20. महक 22
21. गुलाब 23
22. मदहोश 24

23. ज़िद्	25
24. माँ	26
25. प्रेयसी	28
26. चाय एक प्याली	29
27. बदरी	31
28. खेल के नाम	32
29. आँख बायीं	33
30. जन्मदिन	34
31. सहेजना जानती हूँ	35
32. लड़ी-मिश्री	36
33. किस आस में	37
34. मालामाल	38
35. पलकों की स्याही से	39
36. परवरिश	40
37. नज़र भर	41
38. नारी के लिए	42
39. ऐ चाँद	43
40. गुलाब की तरह	44
41. जीवन जियो ऐसे	45
42. तू ही कहे	46
43. राज़	47
44. साहब	48
45. एहसासों से	49
46. फरमान	50
47. मेरी माँ	51
48. उफ्फ	53

49. रह गई	54
50. औरत	55
51. बाँधू तुझे	56
52. आहा !	57
53. माँ	58
54. तुम्हीं हो	60
55. दो जिस्म एक जान	62
56. विवाह	65
57. मेरे राम	66
58. मेरे कान्हा !	67
59. कुछ तो	68
60. शब्द ही तो	69

1. मेरी बुक के लिए

आज तुम्हें भरकर अपनी बाँहो में
दूर हुई मेरे दिल की तनहाई,
कैसा खिल गया मेरा बुद्धु सा चंचल मन
ली इसने भी चैन की इक अंगड़ाई।
पाकर तुम्हें दिल मेरा, मारे खुशी के
लो हो गया सुर्ख लाल,
आखिर इसने ही तो लिखा था हर शब्द
इंक इसी के से हर बार।
इतराया था, खिलखिलाया था, मुस्कुराया था
जो रखे थे ऐ पुस्तिका,
पंखुड़ी से नाज़ुक कदम तुमनें
दहलीज घर की पे मेरी, सच पहली बार।
मैं भी मन ही मन मुसकाई गर्वित सी,
कि कैसे बयाँ करूँ शब्दों में अपनी खुशी
कि, आज मेरा ख्बाव, बन हकीकत

मेरी तमन्नाओं में समाया है, मेरे पास आया है
अब बस आगे-आगे करेंगे विमोचन
और जश्न की तैयारी.....
मैं क्या हूं तुम्हारे लिए, पता नहीं
पर तुम फली मेरी कोई तपस्या
या.....
वाकई मेहनत मेरी कोई रंग लाई।
तुम्हें खिलाँऊ आज मैं चाकलेट
या......
चखाऊँ आज खीर, कि
जुड़कर तुमसे वाकई, सच
बदल गई मेरी तकदीर !!

2. दक्ष के जन्मदिवस पर

तू जान है मेरी, अभिमान है मेरा
तू पहचान है मेरी, स्वाभिमान है मेरा
दुआ है यही जन्मदिवस पर तेरे
साकार हो, हर बार हो
अवलोकित हर सपना तेरा
तू छुटकू सा, बुद्ध सा
बनता बैडमिंटन प्लेयर मेरा.....
जब-जब तू लाता अवार्ड, शील्ड, ट्राफी, मैडल,
सजा देता ताज वो सारे सर मेरे
सामने आइने के ले जा मुझे
और चूम-चूम लेता चेहरा मेरा.......
छपे तू, महके तू, खुश रहे, चहके तू
यह..........
तेरी मेहनत- पसीना है तेरा......
सफलता चूमें कदमों को तेरे,
तू करते रहना यूँ ही नाम रोशन मेरा..... ॥

3. छोटे फूल

देखो–देखो इन मासूमों को
चेहरा इनका जैसे फूल
हो कोई खिला हुआ
ये आइना है हमारे अतीत का
यही भविष्य हैं, हमारे देश का
खिलखिला दें तो कलियाँ खिल जायें
बानी में इनकी फूल खिलखिलायें.....
ना कल की चिंता, ना आज की फिक्र
ना ही सोच अतीत को,
ये समय गवायें.......
बस, धमाचौकड़ी, मस्तममस्ती
खेलतमाशें, जादू-करतब में ये
अपनी दुनिया बसायें।।

4. यकीनन

ये जो फूल होते हैं ना,
आप- सबके शब्दरूपी
जो झरते हैं मुझ पर आज
बनकर बूँदे ओस की सी......
ये दिल मेरे में,
अपनी जगह बना जाते
मानों खिलकर फ्रेश कली।
सुनती आयी हूँ इक मुद्दत से
कि तपस्याएँ होती ही हैं फलीभूत
पाकर खुद को आप सबकी
बाँहों में / निगाहों में
कर गयी मैं भी यकीं.....
कि कैसे शुक्रिया करूँ, उस रब का
आप सबसे मिला जो बेपनाह
उस सब का..... ॥

5. श्री

वो जो तुम्हारे साथ, सात फेरो के
बंधन में बंधकर आयी है
ध्यान रहे, वो अपने साथ
इक मन भी लायी है......
क्या खूब बजे थे घर तुम्हारे
ढोल, नगाड़े, बैण्ड, बाजे
जो पग पड़े थे उसके प्रातः बेला,
ले थाल सजाकर दौड़ी थी घर की बुढिया
करै आरता, ले वो बलइयाँ
कि उसके अगँना
साक्षात् श्री आई है.......
साक्षात श्री आई है ॥

6. दिल से ही

दिल से ही लिख गयी मैं तो
तमाम भाव दिल मेरे के,
दिल ने ही दिया संगीत रचनाओं को मेरी
गति उसके से.......
धड़कन सी धड़कती औरत, माँ, बिटिया
और भागरथी बुक मेरी में,
हर-पल हौंसला बढ़ाया, मुझे और गहन,
और शोभन लिख जाने का आयाम समझाया
जीवन-साथी / पति मेरे ने।
जिज्ञासा मेरी पूछ बैठी उनसे कि
कैसे समझ गए, समझा गए
मुझे इतना आप......
मुस्कुराये वे और फुसफुसायें,
दिल से ! दिल उनके से....... ॥

7. एक कविता मेरी माताजी के नाम

ले माँ ! आज चार कदम आगे बढ़ा
कर आरता, ले बलाइयाँ, नजर उतार
तेरे द्वारे बहु आई है।
मेरे तो बेटी नहीं थी कोई,
सो मैंने तो बेटी पाई है।
चार- चार घर रौशन करे तूने आज तक
करे कन्यादान, निभाये अपने फर्ज आज तक
आज सजा जूड़े में गजरा खूब बड़ा
मटक-चटक के खूब सजा तू दरवाजा
महका इत्र से दामन तू खुद का
कैसे खुशी से फूले जा रही
तू दूल्हे की नानी
बड़े- बड़े लाडो से पाला
तूने अपना यह नाती
इसको पाने की आस में

दिन-रात तूने की बाती
आज, बस तू स्वाद चख तेरी मेहनत का
कि सालों बाद आज
तेरी तपस्या रंग लायी है
सबसे बड़ा दिन आज तेरी जिंदगी का
क्या तकदीर तूने पायी है
कि कर स्वागत पलकें बिछाकर
द्वारे तेरे साक्षात् लक्ष्मी आई है.....
मेरे तो बेटी नहीं थी कोई
सो मैंने तो बेटी पाई है।
द्वारे तेरे साक्षात् श्री आई है॥

8. बसंती पंचमी 2023

संग गणतंत्र आयी हें माँ शारदे
मिटाने अज्ञानरूपी अंधकार को हमारे
फैलाने ज्ञानरूपी प्रकाश चहुँ ओर,
खोलने बेड़ियाँ अनपढ़ता की, न्यूनता की......
मास भी माह का सा, वार पंचम गुप्त नौ दुर्गे का
और उस पर भी, सोने पे सुहागा
जन्मदिवस मेरी माँ शारदे का।
बरस जाऊँ पुष्प बनकर चरणों में तेरे
समा जाऊँ संगीत बनकर वीणा में तेरी
तुझको अर्पण भोग केसरिया
तुझसे ही चलती यह सृष्टि
नहीं मेरी कोई दूजी अभिलाषा
रहमत तेरी सदा रहे साथ मेरे
रहे मुझ पे तेरी करूणामयी दृष्टि ॥

9. सच

पहली मुलाकात थे तुम हमारी
कि यूँ आज आदत बन गए,
पहली पसंद थे हम तुम्हारी
कि यूं आज जरूरत बन गए......
कहीं सकून तलाशता है ये दिल
कहीं चैन तलाशती हैं ये निगाहें
पहली उमंग थे तुम हमारी
कि यूँ आज इबादत बन गए
पहली कल्पना थे हम तुम्हारी
कि यूं आज चाहत बन गए......
जिद् कर बैठा है एक बच्चे सा
यह अल्हड़ दिल आज
कि तुम संग चाहिए हर खुशी
तुम बिन चाहिए कुछ नहीं
कि........
कब हम तुम्हारी बैचेनी
और तुम हमारी राहत बन गए ॥

10. हिस्सेदारी

चुटकी भर समझदारी ही तो
अपनी रंग दिखा जाती,
जैसे कर जाती कमाल सब्जी में
नमक की हिस्सेदारी ।।

11. क्यों

अकेले ही तो आये हैं,
अकेले ही तो चले जाना है,
फिर बीच की छोटी सी यात्रा में
इतनी भीड़ क्यों ?

12. हौले से

छोड़ दूँ सब्जी चलाती करछली,
यूँ बीच में ही
जो वो हौले से कह दे, कान में आकर पास
जल्दी चल जानू ABROAD टिकट लाया हूं साथ ।।

13. लाज़िमी

वो करवटें मेरी, जो याद में तेरी
बयां करती, सिलवटें चादर की
वो तेरा मेरे सुनाये वाक्यों पर मुस्कुराना
वो मेरा तेरे करीब आने पर शरमाना.......
नियति के हाथों हमदम मेरा तुझे चुने जाना
मधुर वो संगीत, बाहों में भरकर मेरी
तेरा मुझे सुने जाना
तू गर पास हो तो
तकदीर मेरी सँभलने लगती है
तू गर दूर हो तो
तबियत मेरी मचलने लगती है
मैं क्या हूँ तेरे लिए पता नहीं
पर तू जैसे मेरे लिए
दवा/ दुआ कोई लाज़िमी..... ॥

14. बस तेरा हाथ

इतना तो मेरा खर्चा भी नहीं,
जितना खुद को खर्च कर जाती हूँ,
पाकर खुद को तेरी बाँहो में,
101% महफूज मैं पाती हूँ।
तू सदा समझाता आया मेरे को
ऐ पगली मेघा, मस्त रह, छोड़ फिक्र चिंता
हम थे, हम हैं हम ही रहेंगें,
इक दूज के सदा, कसम खुदा
सच्, बहुत हुआ बस,
मस्त रहूँगी नहीं करूँगी कोई फिक्र
सोचती हूँ फिर बस अब दिन रात यही
जानम् बड़े भाग्य यह मेरे, जो पाया तेरा साथ
जीवन जियूँ सारा बन तेरी सुहागन
बिदा लूँ जब, हे बद्री-विशाल, इक करना एहसान
जिद् है बस यहीं कि जाऊं भी सुहागन
और हाथों मे हो बस तेरा हाथ ॥

15. 25 साल पहले

आज 25 साल पहले चले जाने का मन है
पिक्स देख वो ही जमाने में लौट जाने का मन है
कसमें, वादे, प्यार, मोहब्बत, बंधन, वफा
इक बार फिर से निभा जाने का मन है
हर सुख, हर दुख दोनों ने देखा है साथ
आज पिछला सब डाटा दोहराने का मन है
उम्र भागती रही रोज अपनी मस्तानी चाल
आज 5 मई को मुट्ठी में कैद कर जाने का मन है
चलेंगे लौंग ड्राइव पर पियेंगे एक ही कोला
तेरी मुस्कुराहट, मेरी वही कमसिन उमरिया को
बलइया ले जाने का मन है
आज 25 साल पहले जाने का मन है ।।

16. माँ के नाम

है कोई फरिश्ता या
फलक से उतरा कोई सितारा
जिसके आँचल में पलकर
पाया मैंने प्यार ढेर सारा
क्या कहूँ आज इससे ज्यादा मैं
कि केवल तू ही है
मेरे जीने का सहारा
कि फिर-फिर धन्यवाद दूँ
उस ईश्वर का
कि जिसने बनाकर तुझे
अपने से भी ऊपर
तेरा दरजा है बनाया ।।

17. हर किस्त का

कि कैसे शुक्रिया करू उस रब का,
जो तुझसे मिला बेपनाह उस सब का,
बहुत कर्ज हो गया अब तो तेरी रहमतों का
कि लगा दे ब्याज अब तो हर किस्त का ॥

18. मेरे आँगन की चिड़िया

कि खुलते ही आँखें,
सोचती हूँ, चलो कुछ संगीत लगा लूँ,
कि उससे पहले ही,
चहचहाने/ चहकने लगती हैं
मेरे आँगन की चिड़ियाँ..... ॥

19. हकीकत

बुद्ध ने महल त्याग दिया
शांति की तालाश में,
हम शांति को त्याग रहे हैं
महल की तालाश में ।।

20. महक

तुम्हारे नशीले बदन की महक,
मेरी साँसों को मदहोश कर देती है,
तुम्हीं में समा जाने को,
मजबूर कर देती है।
हाय दीवाना बनाती हैं मुझे,
तेरे साथ किए वादों की यादें,
इन पलों को, तेरी यादों में
मशगूल कर देती हैं
ये लम्हें भी वहीं थम जाते हैं,
जो हम, तेरी बाहों में
कैद हो जाते हैं,
पाकर खुद को तेरी पनाहों में,
हर दुख, हर दर्द, हर फिक्र, हर चिंता
से परे पाते हैं॥

21. गुलाब

एक गुलाब ही तो दिया था,
उन्होंने मुस्कुराकर
कम्बख्त दिल प्रपोजल
स्वीकार कर बैठा ।।

22. मदहोश

मदहोश ही कर दिया,
उनकी झुकी निगाहों नें
उठ जाती जो अनायास,
तो कत्ल ही कर जाती
सरेआम !!

23. ज़िद्द

कि सिखाया आपने ही हर कदम मजबूत बनना,
परिभाषा जीवन की, कैसे सरलता से निपुण होना,
बहुत याद आता है, आपका वो सिर पे हाथ रखना
संग इक प्याली चाय, और जोर से ठहाका लगाना
क्या रिश्ता है मेरा आपसे, सच मुझे नहीं पता,
पर आप ही चाहिए हर जन्म,
यह जिद्द कर बैठा दिल
ऊपर वाले से आज मेरा।
है कोई फरिश्ता, या फलक से उतरा कोई सितारा
जिसकी छाँवे में मैंने पाया प्यार ढेर सारा
क्या लिँखू आपको आज मैं माँ , कि
केवल तू ही मेरी शाम सुहानी
तू ही मेरा सवेरा प्यारा।
हाँ ! हाँ ! केवल तू ही है
मेरे जीने का सहारा॥

24. माँ

पोलियो ड्राप तो हर बार समय पर ही पिलाई
पर लड़खड़ा ही जाती है कलम मेरी,
जब बात माँ पर लिखने पर आती है....

हाँ वो माँ ही तो थी,
जो तुरपती रहती थी,
अपनी फटा पल्लू बार–बार
ताकि हम पहन सके
नया कपड़ा, हर त्यौहार।
हाँ वो माँ ही तो थी,
जो खा लेती थी
बासी रोटी चुपचाप, ताकि
टिफिन हम ले जा सकें
फर्स्ट-क्लास।
हाँ वो माँ ही तो थी,
जो सो जाती थी
गीले गद्दे पर हर बार,

ताकि हमारी नींद ना टूटे
इक भी बार..........
हाँ वो माँ ही तो थी
जो पूजा खुद करती घंटो-घंटो
और दुआओं में, बसा जाती थी,
हमारा ही घर-संसार।
हाँ वो माँ ही तो है
जो घर में कदम रखते ही
फौरन चौके में मुड़-मुड़ जाती
कि क्या-क्या खाओगे
मेरे राजदुलार।
हाँ वो माँ ही तो है,
जो आज भी, उसी चाव से,
अपनी गोद में रख सिर हमारा,
चूम-चूम ले माथा,
और पहना दे, अपनी बाहों का हार !!

25. प्रेयसी

नैन उसके थे हुक्के से,
दो कश लगाना सीख गए
होंठ तौबा जाम नशीले,
पथ मयखाना भूल गए
कपोल गजब थे रसभरे,
हाय ! घोल शरबत पी गए
कंठ पारदर्शी था सुराहीदार
पलक झपकना भूल गए
अदायें कहर ढा गई कत्लेआम
कुछ गुम हुए यूँ निगाहों में उनकी
कि
खुद से खुद को भूल गए ॥

26. चाय एक प्याली

उन संग स्वाद बढ़ा रही,
एक जमाने से,
प्याला चाय हमारी
सच, जैसे बेशकीमती हो जाती
मदिरा पुरानी।
तलब पुरानी थी चाय की,
पुराना उनका साथ
कलेजा मेरा, आज भी
चीर-चीर ले गई,
जो उठी, नजरें उनकी
धार तेज तलवार।
स्वर आज भी रसीला था उनका,
वही साड़ी बनारस की में लिपटी

तौबा ! उनकी मतवाली चाल !
मैं...
तमाम कागजों पे अँगूठा लगा दूँ
जमीन-जायदाद
उनके नाम करा दूँ
के बदले
इकरारनामें में,
संग इक प्याली चाय
आहा !
और हाथों में मेरे
उनका हाथ !!

27. बदरी

झूमके बरसी, वो अल्हड़ बदरी आज,
जिसको हर घड़ी था,
अपने प्रीतम
बादल का इंतज़ार ।।

28. खेल के नाम

तू खेल जी-जान से,
आन-बान-शान से,
तिरंगे की पहचान से,
दिल तेरे के अरमान से !!

29. आँख बायीं

शकुन कहाँ रुक पाता है,
जब आँख
बायीं फड़कती है।।

30. जन्मदिन

जन्मदिन तो आता है, जाता है
हर साल,
जेहन में छोड़ जाता मेरे
आपकी दुआओं का भंडार।
सच, आपके द्वारा भेजे हर शब्द में
छिपा खजाना बहुमूल्य,
मेरा मनोबल बढ़ाता आपका साथ।
कि कैसे शुक्रिया करूँ
उस रब का,
बेशकिमती आप सबसे जो मिला
प्यार / विश्वास / साथ / एहसास
उस सब का ॥

31. सहेजना जानती हूँ

हाँ मैं सहेजना जानती हूँ,
ख्वाबों को, यादों को,
तेरी साथ बितायी रातों को
तेरे साथ किए हर वादों को
हमारी सारी मुलाकातों को.......
वो दूर दिशा से आती मीठी पुरवाई
लेकर संदेशा तेरे आने का
मैं पगली झूम-झूम जाती थी
वो पैगाम चखकर तेरा नशीला
चूम- चूम जाती थी लव तेरे
लेके तस्वीर तेरी अपने हाथ में
गर तुम कस जाओ तमन्नाओं में मेरी
थम ही जायें पल भी ये मनोहारी ।।

32. लड़ी-मिश्री

उसकी बोली में,
लड़ी मिश्री की झरती है
कस जाये बाहों में मेरी
गर, जो वो काश
कि, तमन्ना हर घड़ी,
उसे पाने को मचलती है।
ख्वाबों तक में, निगाहें मेरी
सिर्फ उसे ही तकती हैं॥

33. किस आस में

जीवन तुझे क्या ही दूँ मैं परिभाषा,
कि क्या ही बची अब कोई अभिलाषा......
हाँ,
समय–हर समय
नाच नचाता कठपुतली का सा
हम नाचते रह जाते लट्टू से
आगे उसके (समय के)
वो बेफिक्रा चलता अपना पासा
कुछ काश में गुजर गयी,
कुछ अहसास में गुजर गई
जिंदगी ना जाने तू
किस आस में गुजर गई ॥

34. मालामाल

मालामाल हो गया लो मैं आज
कि खुलते ही आँख
जो रात, ख्वाबों में
हासिल हो गए थे तुम ॥

35. पलकों की स्याही से

तेरी पलकों की स्याही से लिखी जाती सी मैं
तेरी सांसों की मोती-माला में पिरोई जाती सी मैं।
झाँककर मेरी निगाहों में,
मेरी रुह तक को
छू आता तू
चार मुलाकातों जो हुई हमारी
साथ उनके
उनकी अलबयला की,
कायल हो जाती सी मैं ॥

36. परवरिश

परवरिश तेरे बच्चों की तूने
वाकई क्या खूब निभाई,
समय पे ही उन्हें कौर, दवा, नींद, दुआ
फिर ज्यों-ज्यों वे हुए बड़े
समय पर ही उन्हें,
स्कूल की बस पकड़वायी
और लो वे हो गए आज
तुझसे भी ऊँचे, बड़े, खूबसूरत व मनोहर
तो लौटी याद्दाश्त वापस आज
कि, लो सब कुछ तो सैट हो ही गया,
आज...........
बस, कुछ यूं भूली खुद को गृहस्थी
में खुद की, कि
समय खुद को ही ना दे पायी ॥

37. नज़र भर

जरा नज़र भर क्या देख लिया,
इन गुलाबों को हमने आज सुबह,
और ज्यादा हो गए गुलाबी,
शायद शरमाकर......
या खुद पर इतराकर ॥

38. नारी के लिए

ऐ नारी, तू एक ऐसी शख्शीयत,
जिसने घर भी सभाँला,
घर से बाहर अपना हुनर भी सभाँला......
करी तेरे बच्चों की परवरिश भी टिप-टॉप,
इक सर्वगुणसम्पन्न गृहणी, बहु
और पत्नी का भार भी सँभाला
होशियारी तेरी, समझदारी तेरी
जो तूने तेरे नाम, तेरे काम का
उत्तरदायित्व भी सँभाला।
मेरा सलाम हिंदुस्तान की हर नारी को
जिनसे रोशन हुआ जहाँ सारा
देश-परदेश में अपना परचम भी लहराया !!

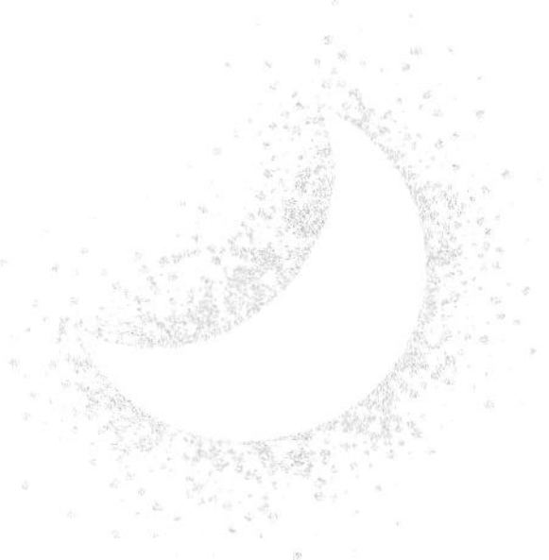

39. ऐ चाँद

कल मैं चाँद को देर तक निहारती रही,
तो कुछ पंक्तियां मेरे दिलो-दिमाग पर छाई रही !
कभी वह नहीं आता था तो मैं बेचैन हो जाती थी,
कभी शायद मैं नहीं जाती थी, तो वह भी...

ऐ चाँद चल तू मेरे संग
गगन से उतर कुछ कदम,
कभी तेरी तू कह,
कभी मेरी भी सुन.....
गुनगुना लेंगे संग तेरे
जीवन की धुन,
कुछ पल मैं तेरी छाया में रहूँ
दो घड़ी, तू ठहर...
तेरी भी डगर !!

40. गुलाब की तरह

तुम मेरी जान में रम गए हो,
शराब की तरह
तुम मेरी धड़कन पर छा गए हो,
शबाब की तरह
तुम मेरी साँसों में बिखर गए हो,
गुलाब की तरह
तुम मेरी जिंदगी से जुड़ गए हो,
ख्वाब की तरह
तुम मेरी ज़िंदगी में शामिल हुए हो
किताब की तरह
बस तुम ही मेरे चारों तरफ
बस तुम ही हर तरफ !!

41. जीवन जियो ऐसे

जीवन जियो ऐसे कि
उदाहरण ही बन जाओ,
किसी के घाव का मरहम
तो किसी के चेहरे की
मुस्कान ही बन जाओ.....
किसी को राह दिखाता पथ
तो किसी के लिए
ऊँची मंजिल ही बन जाओ
किसी के लिए चाँद तारे
तो किसी के लिए प्रकाशमय
सूरज ही बन जाओ।
लोग भजे आपको, जपे आपको
ऐसा बेमिसाल मंत्र ही बन जाओ
जीवन जिओ ऐसे कि
उदाहरण ही बन जाओ !!

42. तू ही कहे

हम गले जब मिले,
संग नदी भी चले
आरज़ू, जुस्तजू संग बहने लगे
तू मेरा क्या लगे
यह क्या मैं कहूँ
मैं तेरी क्या हुई
यह तू ही कहे ॥

43. राज़

यूँ तो राज़ तमाम
दफन है इस दिल में
क्या-क्या सुनाऊँ,
और कौन सा भूल जाऊँ ?
किस–किस को छिपाऊँ
किस पर ज्यादा रो जाऊँ..... !!

44. साहब

तन्हाई से गुजरना पड़ता ही है साहब
बैचेनी से रू-ब-रू होना ही पड़ता है
क्या तू, क्या मैं
होना है गर इक तो
इक –दूजे को समझना ही पड़ता है
एक सकून ही तो चाहा था
माँगी नहीं थी दौलत जमाने भर की
हैरत ! महँगा पड़ा यह भी हमें ॥

45. एहसासों से

जब छू लिया उसने एहसासों से
और पिरो लिया उसने बाँहों में ।।

46. फरमान

पता नहीं सही लिखा
कि, क्या लिखा
बस ख्याल तेरा आया
जो ओढ़े था चेहरा तेरा......
लो जी दिल मेरा गुनगुनाया
और, मैंने मेरी कलम को पुकारा
बुनी शब्दों की तुकबंदी कुछ यूँ
कि नाम तेरे मदर्स डे पर
मैंने मेरे दिल का फरमान लिख डाला ।।

47. मेरी माँ

सारे जहाँ की मेरी चिंता तू हर लेती
आँचल में तेरे मुझे तू सकू देती
वो जो रोटी तेरे हाथ की,
कर घी में तर, खिलाती मुझे तू माँ
बस रह-रह कर आज
वही बहुत याद आती है अब माँ
तेरी कॉपी हूँ, फिर भी तुझे कॉपी
कर ही नहीं पाती मैं तो माँ
तेरी परछाई हूँ, फिर भी तेरा साया
बन ही नहीं पाती मैं तो माँ
बस, मैं जीवन जिऊँ ऐसे
कि, तेरा उदाहरण ही बन जाऊँ
तुझसे सीखे जीवन के फलसफे
जितने भी आज तलक
उन्हें ही अपने जीवन के
बना बेस्ट चैप्टर गुनगुनाऊँ........

दया, करूणा, प्रेम, ममता की मूर्ति है तू
दिल तो यही कर रहा है फिर आज
कि बन एक बार फिर से बच्चा
तेरी गोद में सिमट-सिमट जाऊँ............
बड़भाग थे मेरे जो इस जन्म
मैंने पाया, सिर मेरे पे हाथ तेरा
प्रार्थना है मेरी उस रब से आज फिर यही
कि जन्म अगले में भी
तेरा ही साथ पाऊँ
तू ही रहे माँ मेरी, मैं फिर तेरा बच्चा हो जाऊँ !!

48. उफ्फ

सिलसिले करवटों की
बयाँ करती तन्हाई मेरी
सिलवटें अटपटी सी
बयाँ करती रुसवाई तेरी
दो मटकी पनघटों की
बयाँ करती अँगड़ाई मेरी
लचक, घोल शर्बत शब्दो की
बयां करती शेरो-शायरी मेरी
चसक, तुझको पाने की
या निगाहों में डूब जाने की तेरी
बयाँ करती अभिलाषाऐं मेरी
दिल मेरा नादां ले हुआ फिदा
अल्हड़ तरूणाई पे तेरी
फिर क्या रजा, क्या बांछा
क्या ही रही बाकी आकांक्षा मेरी !!

49. रह गई

कुछ ख्बावों में रह गई
कुछ ही हकीकत बन पाई
तो कुछ, सवालो में रह गई.........
ऐ जिंदगी, रे तू भी कमाल है
संग जबाबों के बह गई !!

50. औरत

कभी तो जी, तेरे लिए भी
ऐ स्त्री.....
वही दो टाइम की बाती
और तीन टाइम की चपाती
करने में गुजर गई
उम्र तेरी आधी........
अब तो आ होश में
खुद तेरे के आगोश में,
निकल पड़ आज साथ प्रकृति,
फिरा तेरे ही जुल्फों में आज अंगुलियाँ
चल बलखाती,
उन
लहराती फसलों की कोर पर।।

51. बाँधू तुझे

अपने पल्लू में कसकर के
बाँधू तुझे.....
तू हो ना सके पल भर भी जुदा
ऐसे बक्से में दिल के
मैं धर लूँ तुझे !
अपनी बाँहों में जकड़ूँ
या नैनों में भर लूँ तुझे........ ॥

52. आहा!

मेरी तन्हाई भी अब तो
अँगड़ाई लेती है,
तेरे आने का संदेसा
जब पुरवाई देती हैं.......
मैं झूमूँ, नाँचू, गाऊँ
जश्न मनाऊँ, उलफत में तेरी
नजर मेरी, हाय ! मरतबा
तेरी बाट जोहती है !
पिरो ले तेरी बाँहों में
या, भर ले तू निगाहों में.........
जुबाँ मेरी यह मोहतरमा
फकत तेरा नाम जपती है !
फकत तेरा नाम जपती है ॥

53. माँ

मैं तेरा ही तो भाग (अंश)
तेरा ही तो परछाव हूँ,
मैं अंश तेरा ही तो माँ
तेरा ही तो रखरखाव हूँ...........
तूने जो भरे संस्कार मेरे में
कि........
पदचिन्हों तेरे पे, चलके जीवन कतरा-कतरा
हाँ ! जूझी हर आँधी, तूफां से बेखौफ मैं भी
कमाल है, हर बार है,
कि...........
तेरा ही तो परिणाम हूँ........
जन्मदिन तेरा, तुझे मुबारक हो माँ
कि............
हर जन्म में मिले साथ सिर्फ तेरा !
तू ही मेरी साँझ,
तू ही खिलता सवेरा...........
तू है तो जीवन लगता हर पल खास
तू जिए निडर, निरोगी काया
बस ऐसे ही रहे माँ मेरी उर्जावान
और गुजर जाये हजारो साल............
बस, कहना था / लिखना था

मुझे इतना....... ॥

54. तुम्हीं हो

मेरी तो जीवन रूपी बगिया के
फूल गुलाब भी तुम्हीं हो
मेरे चेहरे के नूर,
मेरा तो शबाब भी तुम्हीं हो
तुम से ही जिंदगी मेरी है गुलशन
मेरी तो रूह, आत्मा और
इमान भी तुम्हीं हो........
मेरी तो पहचान भी तुम्हीं से
तुम्हीं मेरी भोर सुहानी
मस्तानी साँझ भी तुम्हीं हो
आज ही अग्नि के समक्ष
दोनों के दिलों ने किया था वादा
आज ही जुड़ा आपसे था
साथ हमारा...........
मुबारक जान मेरी, आपको
आज का दिन यह हमारा
और साथ सात जन्मों का
हमार, ये प्यार से भी ज्यादा प्यारा
जो रात भर जागकर देखे
मेरे तो वे ख्वाव भी तुम्हीं हो

जो दिन भर पूजकर रखें
मेरे तो वे व्रत-प्यास भी तुम्हीं हो
इस जन्म में अधूरी ना रह जाए
कहीं कोई मेरे मन की बात
शायद तभी.........
उस परमपिता परमेश्वर से माँगे गए
अगले जन्म का वरदान भी तुम्हीं हो !

एक खत लिख देना मुझे
पते पर मेरे,
कि क्या लगती हूँ मैं तुम्हारी
और मेरा तो यह समझ लेना आलम
कि,
मेरी तो फलीभूत कोई तपस्या
या यूँ कहो, कि
मेरे तो पिछले जन्म के भी
निर्जला व्रत-प्यास भी तुम्हीं हो.......
क्या लिख दूँ तुम्हारे लिए
कि क्या हो तुम मेरे लिए
बस इतना समझ लेना कि
मेरे दिल की धड़कन
व
मेरी तो श्वास भी तुम्हीं हो........... ॥

55. दो जिस्म एक जान

कब बनेंगे मौसम फिर से बेईमान
कब हम होंगे दोबारा
दो जिस्म एक जान........
मैं क्या हूँ तुम्हारे लिए
नहीं पता मुझे
हाँ! तुम हो मेरे लिए
मेरा ईमान, मेरी जान !
तुम्हारा रोज-रोज का मुझे तन्हा छोड़ जाना
मेरा रोज-रोज का,
हर लम्हा तुम्हारी याद में बिताना.........
अब बहुत हुआ कि,
बस भी करो ना मेरी जान...........
तुमसे ही गुलशन हैं गलियाँ
मेरे जीवन की
कि,
तुम ही मोहन मेरे
तुम ही मेरे घनश्याम ।
हाँ, जानती हूँ परफेक्ट मैं बिल्कुल भी नहीं
पर हूं तो इंसा ही ना,
खुदा तो बिल्कुल भी नहीं........

तुम मेरी जिंदगी में शामिल हो
किताबों की तरह
तुम मेरी बंदगी में शामिल हो
गुलाबो की तरह
गुजारिश है उस रव से मेरी
या, कह लो कि अब
यही है आखिरी तमन्ना
कि.........
तुम संग चाहिए हर खुशी
वरना
तुम बिन चाहिए कुछ भी नहीं
कभी सोचती हूँ इक ख्याल
तो लिपट जाती हूँ खुद से ही
कि...........
तुम बिन यह नादान दिल
लगता बिल्कुल भी नहीं...........
गिरवी रख लो चाहे जिन्दगानी मेरी
बस एक अगूँठा लगा देना
दस्तावेज़ों पे मेरे
कि........
बने तुम हो सिर्फ मेरे मिठ्ठू मेरे लिए
और मैं तुम्हारी दुलारी सी मैना
हाँ फिर से करेंगे इक नई शुरुआत

तुम वही मेरे प्यासे बादल आवारा
और मैं तुम्हारी हमदम तुम्हारी मेघा !!

56. विवाह

विवाह एक गठबंधन,
विवाह एक समर्पण,
विवाह एक विश्वास,
विवाह जैसे खुशबू चंदन।
ना तो मैं ही पूर्ण हूँ
ना ही तुम सम्पूर्ण........
पर हाँ साथ निभाना था सात जन्मों का
यह वादा था दो आत्माओं का
शबाब पर थी सर्दियाँ
और हमारी हया..........
साक्षी मान अग्नि को
दोनों के दिलों ने किया था वादा
जो कभी मैं विखर-बिखर जाऊँ
समेट लेना निगाहों से तुम्हारी ॥

57. मेरे राम

उठो करो सिया श्रृंगार,
प्रभु राम आए द्वार।
आज खूब सजाओ रंगोली,
अयोध्या राम की हो ली।
लख-लख दीए जलाओ,
लो झूम दिवाली मनाओ।
सबसे बड़ा आज त्योहार,
अवध में आए प्रभु राम।
पलकों से चवर ढुलाऊँ,
नतमस्तक शीश नवाऊँ।
अरे लो कोई नज़र उतार,
प्रभु राम आए द्वार॥
अब दरश भी दे दो रामा,
मेरे दिल की यही कामना
फिर नहीं मोक्ष की चाह,
हे रामा! मिल जाओ इक बार
फिर नहीं मोक्ष की चाह
हे रामा! विनय करो स्वीकार......॥

58. मेरे कान्हा!

वा को झूमर लागो प्यारो
वा को नैन सखी कजरारो,
मेरे खुल जावेंगे भाग
बिहारी दर्शन दो इक बार......

स्नान फूलों के करवाऊँ
तो पे दूध की धार चढ़ाँऊ,
वा की टेढ़ी चाल कमाल
बिहारी दर्शन दो इक बार........

तेरे मंत्र जपू मैं मुरारी
तेरो भजन रटू गिरधारी,
मुझे नहीं मोक्ष की चाह,
बिहारी दर्शन दो इक बार
बिहारी दर्शन दो इक बार........ ॥

59. कुछ तो

कुछ तो ख्वाब हुए हकीकत,
कुछ हकीकत में ख्वाव ही रह गए।।

60. शब्द ही तो

शब्द ही तो मरहम बन जाते
शब्द ही तो बन जाते घाव ।।

www.ingramcontent.com/pod-product-compliance
Lightning Source LLC
LaVergne TN
LVHW061559070526
838199LV00077B/7106
9789359899176